La EUCARISTÍA

20 PREGUNTAS *del* PUEBLO

P. Richard N. Fragomeni, PhD

LIBROS LIGUORI

Imprimi Potest:
Thomas D. Picton, CSsR
Provincial, Provincia de Denver
Los Redentoristas

Imprimatur:
Excmo. Sr. Robert J. Hermann
Administrador Arquidiocesano
Arquidiócesis de St. Louis

ISBN 978-0-7648-1761-8

Para hacer pedidos llame al 800-325-9521
Liguori.org

Las citas bíblicas son de *Biblia de América*, cuarta edición 1994.

Liguori Publications, corporación no lucrativa, es un apostolado de los Redentoristas. Para saber más acerca de los Redentoristas visite Redemptorists.com.

Diseño de la portada: Jodi Hendrickson
Imagen de la portada: Shutterstock

Impreso en los Estados Unidos de Norteamérica
23 22 21 20 19 / 6 5 4 3 2

INDICE

ÍNDICE

INTRODUCCIÓN

Desde el Concilio Vaticano Segundo, los líderes de la Iglesia han invitado a los católicos a participar en una renovación espiritual. Esta renovación procede de y culmina en la liturgia, especialmente en la Eucaristía. Esta renovación espiritual incluye prácticas devocionales de oración. Recientemente este aspecto devocional de la renovación de la Iglesia ha cobrado impulso, reclamando varios ritos y rituales que son nuevos y desconocidos para muchas personas. Las personas en los bancos de las iglesias hacen muchas preguntas acerca de la Eucaristía y de estas devociones.

Las prácticas religiosas son como un idioma, una manera de comunicar algo importante. La celebración de los ritos litúrgicos, especialmente de la Eucaristía, es una gran sinfonía de gestos, señales, símbolos, palabras y relaciones. Las prácticas devocionales también son un idioma. Pueden comunicar un anhelo profundo por Dios que las prácticas oficiales litúrgicas no siempre expresan adecuadamente.

Las veinte preguntas en este librito vinieron de varias parroquias localizadas por el centro del país. Los editores de

Libros Liguori han dado a conocer estas preguntas para expresar las preocupaciones de las personas laicas que se interesan por comprender lo que hacemos cuando oramos y cómo la Eucaristía y las devociones eucarísticas forman el centro de la renovación espiritual de la comunidad de personas bautizadas. Al contestar estas preguntas usé mi experiencia pastoral, los documentos de la Iglesia (incluyendo el Misal romano) y el sentido común. Al final de este libro encontrarán una lista completa de estas fuentes de referencia.

Espero que mis respuestas ayuden a que todos piensen un poco más acerca de las preguntas, y hasta quizá dialoguen con otras personas que también están interesadas en la Eucaristía. Ninguna respuesta agota las posibilidades de comprender preguntas que son importantes. También espero que, al entender las prácticas eucarísticas y devocionales a las que las preguntas se refieren, las personas participen más de lleno en el misterio de Cristo y del Espíritu que se encuentra en el centro de toda oración. Comprender lo que hacemos *al hacerlo*, crea un entendimiento profundo. Esta conciencia permite que Dios se comunique con nosotros usando las palabras de nuestras vidas y corazones.

Le doy las gracias al P. Mathew Kessler, presidente y editor de Liguori Publications, por el ánimo y la ayuda que ofreció para que este libro se publicara. También les doy las gracias a mis estudiantes del programa posgraduado de música y liturgia de la escuela de verano del 2008 en St. Joseph's College, Rensselaer en Indiana. Sus ideas y la manera como enfocaron muchas de estas preguntas fueron una inspiración para mis propias ideas. También quiero ofrecerle mi agradecimiento al profesor David N. Powers por enseñarme nuevas maneras de pensar en la Eucaristía y a Joseph Vuci, Jr., que sigue haciendo buenas preguntas desde el banco de la iglesia.

RICHARD FRAGOMENI, PHD
1 DE AGOSTO DEL AÑO 2008
FIESTA DE SAN ALFONSO LIGORIO

Parte I

PREGUNTAS DEVOCIONALES

1. He notado que algunas personas hacen una reverencia delante del altar hasta cuando el tabernáculo está en otro lugar. ¿Cuál es la relación simbólica entre el altar y la Eucaristía?

El altar, que algunas veces llamamos *la mesa del Señor*, no es sólo un mueble. Nuestros antepasados cristianos se reunían alrededor de la mesa del comedor para celebrar la Eucaristía. Por siglos ese mueble tan sencillo cobró vida con unos significados profundos que todavía apreciamos muchísimo.

El altar resuena con la presencia de Cristo porque del altar es que nosotros compartimos el don eucarístico. El obispo consagra el altar y lo unge con el crisma, igual que Cristo fue ungido sacerdote, profeta y rey. En muchos lugares el altar también contiene reliquias de mártires y santos.

Los gestos y los rituales de la Iglesia católica expresan los sentimientos de nuestra fe y de nuestros corazones. Hacemos una reverencia y nos arrodillamos para expresar honra y devoción. Los católicos no somos los únicos que hacemos estos gestos. Varios otros grupos de creyentes, inclusive los judíos, musulmanes y budistas, también los hacen.

Después que el sacerdote eleva el cáliz y la hostia consagrada y se los enseña a la congregación, él se arrodilla y si otros sacerdotes están concelebrando, ellos hacen una reverencia ante la hostia y el cáliz. Hay normas que expresan cómo se debe hacer una reverencia ante el altar y, en ciertos momentos durante la celebración eucarística, cómo se debe besar el altar. El beso es un acto más íntimo que demuestra reverencia y honra. Al libro de los evangelios también se le demuestra reverencia con un beso.

El altar es una señal concreta de Cristo, quien nos alimenta y nos une en una gran comunión de los santos. Inclinamos la cabeza ante el altar durante la liturgia eucarística y también en otros momentos cuando no estamos celebrando la Misa porque para los católicos es el lugar central donde encontramos a Cristo y a la gran comunión de los santos.

2. Mi iglesia tiene muchas tradiciones hispanas, una de las cuales es la procesión. ¿Por qué son importantes las procesiones, y por qué no las tienen más iglesias?

La procesión es una forma muy antigua de orar que muchas religiones comparten. Algunos salmos de la tradición judía mencionan una procesión hacia el Templo. De hecho, el Salmo 43:3 se usa en la Misa tridentina (la Misa latina) durante las Oraciones al pie del altar.

Las procesiones son como unas pequeñas peregrinaciones porque los participantes van hacia un santuario o una capilla donde se puede encontrar a Dios. Pero, mientras que las procesiones cubren distancias largas y toman muchos días para llegar al lugar santo, una procesión es mucho más corta y se puede llevar a cabo sin tener que pensar en alojamiento, comida u otras provisiones.

Desde un punto de vista más general, el movimiento hacia un lugar sagrado en una procesión o una peregrinación puede ser una metáfora para la vida. La vida es una jornada, una peregrinación, una procesión. Algunas personas dirían que todos participamos en una peregrinación que va camino a la tumba. Esto es verdad, pero la perspectiva religiosa le añade una dimensión a este destino. Las personas cristianas creen que nuestra procesión por la vida conduce hacia la Nueva Jerusalén, el lugar en el cielo de Dios donde no existirá la muerte, el temor, el sufrimiento. Es un destino que nos traerá la plenitud de la vida y que nos lleva a ver a Dios como Dios es. En los entierros, la Plegaria eucarística III añade que ese día seremos como Dios y alabaremos a Dios por toda la eternidad.

Durante el año litúrgico, se le da muchas oportunidades a la comunidad católica para tener procesiones. En cada liturgia dominical, la procesión de la asamblea para compartir la Eucaristía proclama la esperanza que compartimos de alcanzar una comunión plena con toda la creación en el Mundo Nuevo de la paz de Dios. El día de la Presentación del Señor (2 de febrero), una procesión con velas va de un lugar a la iglesia. Esta procesión celebra y conmemora la entrada de la luz al Templo cuarenta días después de la Navidad.

Otra ocasión para tener una procesión es el Domingo de Ramos, cuando la bendición solemne y la procesión, en la que la comunidad lleva ramos benditos y canta, "Hosanna en las alturas" u otra antífona, es la jornada formal hacia el comienzo de la Semana Santa. De seguro que la procesión con el Santísimo Sacramento el día de la Solemnidad del Cuerpo de Cristo (Corpus Christi) lleva el movimiento de la oración a los vecindarios y ciudades al bendecir y orar por todas las personas que viajan juntas en la vida en un lugar específico.

Las procesiones son parte de la herencia religiosa de los católicos. Ciertos grupos culturales, como la comunidad hispana en los Estados Unidos, mantienen viva esta forma de orar. Muchas comunidades parroquiales están empezando a comprender el gran valor de las procesiones y las están incorporando en la vida de las comunidades en las parroquias.

3. ¿Qué es una bendición?

Esta pregunta se puede contestar de varias maneras. Primero, una bendición simplemente significa una oración para bendecir, o sea, una invocación del poder y la luz de Dios para una persona o una cosa. Por ejemplo, una bendición puede ser la oración que se reza antes de una comida o antes de una reunión de personas que buscan el consejo y la bendición de Dios. A veces se bendice un objeto religioso, como un rosario. Hay un libro de bendiciones que contiene muchas bendiciones para situaciones diferentes, como la bendición de la garganta en honor de San Blas.

El segundo tipo de bendición es la Bendición con el Santísimo Sacramento, la bendición solemne de una asamblea de creyentes con el pan eucarístico. Esta devoción, presente en la Iglesia católica del occidente desde la Edad Media, continúa hoy día como una forma popular de orar e invocar la bendición de Cristo. La bendición con el Santísimo Sacramento, en el contexto de un servicio de oración que incluye canciones, la lectura de la Escritura, la predicación y la oración privada, es una devoción que sólo un sacerdote ordenado puede celebrar.

El pan eucarístico se guarda en un tabernáculo, generalmente en un envase especial llamado *píxide*. La píxide se pone en una *custodia* u *ostensorio*, un envase grande generalmente hecho de metales preciosos y joyas. Casi siempre tiene la forma de un sol y la hostia consagrada se coloca en el medio en un compartimiento de vidrio para que se vea.

El sacerdote se pone un chal especial para la ceremonia que le cubre los hombros. Al final de la ceremonia, él toma la custodia en las manos que están cubiertas por el chal, se pone de frente a la congregación y bendice a las personas haciendo la Señal de la Cruz con la custodia. Durante la bendición, las personas generalmente hacen la Señal de la Cruz para demostrar que aceptan y reciben las bendiciones de Cristo. En ocasiones más solemnes, esta bendición va acompañada por el repicar de campanas y el uso de incienso para demostrar la honra y la alabanza.

Esta práctica devocional de la bendición en todas sus formas es una tradición católica que invoca el poder de Dios sobre su pueblo. Entonces se les dice a las personas que reciben la bendición que vayan y sean una bendición para los demás en cuanto a la paz y la justicia.

4. ¿Cuál es la diferencia entre una bendición y una exposición?

Una exposición y una bendición son el rito del comienzo y del final de la adoración de la Eucaristía, una devoción que ha existido por muchos siglos en la Iglesia católica. En la exposición, el Santísimo Sacramento se pone en una custodia para que los fieles lo adoren. En una bendición con el Santísimo Sacramento, el sacerdote bendice a los fieles con la hostia consagrada.

Un sacerdote ordenado es la única persona que puede celebrar una bendición con el Santísimo Sacramento, pero cualquier persona laica puede exponer el Santísimo Sacramento para la adoración de los fieles. Una persona laica también puede poner la Eucaristía en el tabernáculo después de la adoración.

Originalmente, el pan consagrado se guardaba en hogares y en iglesias primeramente para que, fuera del contexto de la Misa, se pudiera compartir la comunión con las personas enfermas y moribundas. En la Edad Media fue que la adoración de la Eucaristía, expuesta en una custodia o dentro de un tabernáculo, se convirtió en una devoción importante. Con el tiempo se establecieron las comunidades de religiosas para adorar perpetuamente la Eucaristía como un acto de reparación y amor a Cristo, herido por los pecados de los seres humanos.

Hace poco, debido al ímpetu que el Papa Juan Pablo II dio, la adoración de la Eucaristía cobró más popularidad. Las parroquias por los Estados Unidos han establecido sociedades de adoración perpetua y capillas donde se expone la Eucaristía veinticuatro horas al día.

La devoción de la adoración de la Eucaristía puede ofrecer una oportunidad para que los fieles experimenten el silencio. La adoración nunca se debe considerar como un substituto para recibir la comunión, pero la adoración, como una manera de practicar la oración, la meditación y la contemplación, es una fuente valiosa de la abertura a Cristo, quien nos habla en el silencio.

5. ¿Por qué hay siempre una vela encendida frente al tabernáculo en mi iglesia?

La versión del año 2003 de las *Instrucciones generales del misal romano* (316) dice que se debe tener una lámpara encendida cerca del tabernáculo para demostrar y honrar la Presencia verdadera de Cristo en el tabernáculo. En el pasado esta vela se hacía de la mejor cera. Hoy día se puede usar cera o aceite, sin especificarse qué tipo o calidad.

Este uso de una vela o una lámpara de aceite no es nada nuevo en el cristianismo. Vemos que se usaban lámparas cerca del Santo de los Santos, una cámara en el Templo de Jerusalén. La visión de la cámara del trono celestial, descrita con muchos detalles en el Libro de Daniel, describe el uso de lámparas frente al trono. Hoy día, una llama perpetua honra a los difuntos en la tumba del Soldado desconocido y la del Presidente John F. Kennedy.

Algunos párrocos les piden a los fieles de la parroquia que ayuden a comprar estas velas y lámparas. A cambio de esta ayuda, estas lámparas se encienden por las intenciones de los contribuyentes, haciendo que estas velas también sean peticiones ante la Eucaristía.

Parte II

PREGUNTAS DE LITURGIA

6. ¿Por qué es que algunas personas reciben la hostia consagrada en la mano y otras en la lengua?

Durante siglos, sólo se permitió que los católicos bautizados recibieran la hostia en la lengua, y casi siempre de rodillas. Pero hay textos que datan del siglo IV que nos dicen que los primeros cristianos recibían la Eucaristía en la mano. Por ejemplo, San Juan Crisóstomo anunció audazmente que los cristianos deben recibir el cuerpo divino del Señor formando un trono con las manos extendidas. Cuando el Papa Pablo VI se enteró de esto, él les concedió un *indulto* a obispos, un permiso para que se pudiera desviar de la ley de la Iglesia, para poder dejar que las personas laicas escogieran cómo recibir la comunión—en la lengua o en la mano.

En los Estados Unidos esta práctica empezó en la época del Concilio Vaticano Segundo (1962–1965). Algunas veces esta opción iba acompañada, y algunas veces precedida, por la institución de ministros extraordinarios de la comunión:

mujeres y hombres laicos entrenados para compartir el Cuerpo y la Sangre de Cristo con la congregación y con las personas que no podían asistir a la Misa debido a alguna enfermedad o edad avanzada.

Esta práctica demuestra cómo la Eucaristía incorpora gestos y acciones entre algunos grupos y no entre otros. Casi enseguida las personas laicas en los Estados Unidos adoptaron la práctica antigua de recibir la comunión en la mano, pero no sucedió así en la mayoría de los otros países. Hasta hoy día es una costumbre que muchos católicos que visitan los Estados Unidos, inclusive futuros ciudadanos, encuentran sorprendente. Sin embargo, después de recibir una explicación adecuada muchas de estas personas comprenden la tradición que conecta esto con la Iglesia de los comienzos.

Lo básico del compartir la comunión es el darnos cuenta de que se nos da un regalo inestimable de Dios: Cristo en el Espíritu Santo. La práctica más antigua de recibir la comunión en las manos se volvió a incorporar para ofrecerle a la comunidad de bautizados la cercanía sacramental del Cuerpo de Cristo, a quien recibimos y quien somos. La reverencia y el respeto tienen que acompañar este encuentro concreto con Cristo.

7. ¿Por qué algunas iglesias tocan unas campanillas durante la consagración y otras no?

Tocamos unas campanillas durante la consagración porque producen un sonido muy bonito para el Señor y también para nosotros. Nos alertan para que prestemos atención. Indican algo importante, nos consuelan en momentos de dolor y aumentan nuestra alegría.

El nombre en latín para esta campanilla es *tintinnabulum*. Al igual que con muchas prácticas, el tocar las campanillas es parte de muchas tradiciones culturales y religiosas por todo el mundo. Es una manera muy bonita de crear sonidos y de invitar a las personas a prestar atención y a concentrar la mente y el corazón. Es una manera maravillosa de elevar el alma a Dios.

Hace unos cuantos años, un amigo mío y yo estuvimos en Asís durante la Semana Santa y el Triduo Pascual. Nunca olvidaré la liturgia y las devociones populares durante esos días. La comunidad de fe, los cantos, la predicación y las ceremonias significaron mucho para nosotros.

Pero lo que recuerdo más de esos días es el tocar de las campanillas a la salida del sol la mañana del Domingo de Pascua. Imaginen pasar casi toda la noche en vela en la Vigilia de la Pascua. Entonces, al amanecer, literalmente escuchan cuando todas las campanas en Asís empiezan a repicar—*todas* las campanas que parecen ser cientos. Las campanas repicaron por quince minutos. Nunca había escuchado nada tan bello y me sentí muy conmovido. Era la canción de la resurrección, fuerte, clara y llena de nueva vida exuberante. De más está decir que no me volví a dormir esa mañana porque estaba listo para la celebración en la Basílica de San Francisco temprano por la mañana.

Esa mañana de Pascua de Resurrección comprendí el por qué se tocan las campanas. Antes comprendía intelectualmente lo que me habían enseñado acerca de las campanas en la tradición católica, pero ese día lo comprendí con el corazón.

Los católicos tocan campanas en la Eucaristía, durante el Gloria el Jueves Santo y en la Vigilia de la Pascua, cuando se elevan el pan y el vino consagrados y, en algunos lugares, al principio de la preparación de las ofrendas y la procesión de la comunión. También tocamos campanas para indicar las oraciones de la mañana, del mediodía y de la tarde, cuando la devoción nos ayuda a recordar la encarnación de Cristo y la oración del Angelus. Se tocan campanas para congregar a los fieles para la oración y para las celebraciones. En las bodas y en los entierros las campanas dicen que algo importante está sucediendo, algo que tiene que tener un sonido bello.

Pero, ¿por qué algunas iglesias usan campanas durante la consagración y otras no lo hacen? Porque los libros que contienen la liturgia que ha sido revisada dan esa opción. Por lo tanto, algunos párrocos optan por tocar campanas y otros no. Sin embargo, en la Misa (latina) tridentina no existe la opción de tocar campanas durante la celebración.

Después de mi experiencia en Asís esa mañana del domingo de Pascua, empecé a animar a los párrocos para que toquen campanas cuando la liturgia lo permita. Sugiero que las campanas sean de buena calidad y que su sonido sea placentero. Personalmente, no creo que sea una costumbre que debemos perder porque es un sonido santo que puede hacer que el corazón se regocije. Es algo que nos une a Dios.

8. ¿Por qué es que la hostia ni se parece al pan, ni sabe como pan?

Debería parecerse al pan y saber a pan. Por ser católicos creemos que la noche antes que Jesús murió él cenó por última vez con sus discípulos. Durante esa comida, él "partió (el pan) y se lo dio diciendo: 'Esto es mi cuerpo, que es entregado por ustedes. Hagan esto en memoria mía'. Hizo lo mismo con la copa después de cenar, diciendo: 'Esta copa es la alianza nueva sellada con mi sangre'" (Lucas 22:19–20). Con esto queda claro que Cristo compartió el pan y el vino con sus discípulos y por la tradición, también los compartió con nosotros.

La historia parece aclarar que el vino que se usaba en la época de Jesús se hacía de uvas. Entonces, es muy probable que Jesús haya usado vino hecho de uvas la noche que fue traicionado. Sin embargo, no se aclara de qué estaba hecho el pan. Debido a que las hostias que usamos hoy día se hacen con harina de trigo, suponemos que el pan que Jesús usó también era de trigo. Sin embargo, algunos de los expertos hoy día creen que Jesús usó pan sin levadura hecho de harina de cebada porque la última cena de Jesús se celebró durante la Pascua de los hebreos, una fiesta que se asocia con la cosecha de la cebada.

Durante casi 800 años, la Iglesia católica del occidente usó pan de trigo sin levadura para la Eucaristía muy probablemente porque era el tipo de pan que las personas de la época usaban y el que estaba más disponible. El pan de trigo sin levadura sigue siendo el que se usa en las comunidades católicas del rito oriental y en las iglesias ortodoxas.

¿Por qué se cambió a pan de trigo sin levadura en el occidente? Varios factores parecen cruzarse. Los expertos sugieren que alrededor del siglo IX, la Iglesia del occidente se interesó más en la dimensión del culto de la liturgia y buscó maneras de resaltar la continuidad de la Eucaristía con Cristo. En el rito romano se introdujo el uso del pan de trigo sin levadura porque se creía que Cristo lo había usado. Para los comienzos del nuevo milenio, ya se habían desarrollado las devociones como la exposición y la adoración de la Eucaristía. Se usó el pan sin levadura porque no coge moho y dura más sin echarse a perder cuando se usa para la exposición.

Pero, ¿puede el pan sin levadura parecerse al y tener el sabor del verdadero pan? El Concilio Vaticano Segundo pidió que se reformara la vida sacramental y litúrgica de la Iglesia, que se les diera el valor que la plenitud de las señales y los símbolos se merecen y que se reincorporaran en el Rito romano. Esta orden hace eco de un principio antiquísimo relacionado con los sacramentos: mientras más auténticos los elementos del sacramento, más auténtica será la experiencia del mismo. Por esto es que empezamos a ver piletas para el bautismo donde se sumergía a la persona y un gran uso de agua y aceite durante estos ritos. A la comunidad se le vuelve a dar la plenitud de la señal de la comunión al ofrecérsele la copa de la salvación además del pan de vida. Un mayor uso de los elementos básicos como el pan, el vino, el agua y el aceite sirve para profundizar la experiencia del sacramento y cuán abierta está la comunidad a la gracia de Cristo y del Espíritu.

El problema es que es difícil resaltar la señal del pan si tiene que ser sin levadura y hecho sólo con harina y agua. Algunas personas han comentado que se necesita más fe para creer que la hostia es pan que para creer que es el Cuerpo de Cristo.

Muchas parroquias han tratado de seguir el significado literal *y* el espíritu de la ley al crear pan sin levadura que, por su color y su forma, parece ser pan verdadero. Sin embargo, esos experimentos se prohibieron recientemente. Otras parroquias compran hostias de conventos que hacen hostias más grandes y más sustanciosas. Ésta parece ser la mejor manera de hacerle frente a la tensión entre el sentido literal de la ley y el espíritu de una liturgia renovada.

9. ¿Se puede celebrar la Eucaristía fuera de una iglesia, por ejemplo, en mi casa?

Ésta es una pregunta irónica porque las primeras celebraciones de la Eucaristía fueron en las casa de los primeros cristianos. De hecho, las casas-iglesias no sólo eran edificios, sino que también era como se hablaba de las primeras comunidades de fe: casas de personas bautizadas en la fe y confirmadas en el Espíritu celebraban juntas la Cena del Señor, compartiendo quienes eran y lo que tenían.

A través de los siglos, cuando el número de personas cristianas aumentó, fue imposible celebrar la Eucaristía en los hogares. Primero se alquilaron salones más grandes y después se construyeron para poder acomodar a la comunidad.

Hoy día la palabra *iglesia* se usa para designar un edificio en el que las personas ofrecen el culto. Si fuéramos fieles al desarrollo de la historia, muy probablemente diríamos que el edificio es la casa o el albergue para la Iglesia porque se entiende que la Iglesia es la comunidad bautizada que vive en fe y caridad.

A través de los siglos, estos edificios han sido el centro donde la comunidad se reúne para celebrar los sacramentos, los días de fiesta y los tiempos del año litúrgico. Sólo se necesita ver libros de arquitectura para ver las formas diferentes que los edificios de las iglesias han adoptado. Los edificios de las iglesias, desde el estilo romanesco al gótico, del barroco al moderno, parecen adoptar la forma de la época y de la cultura en las cuales se construyeron. A su vez, estos edificios también han formado los rituales y las imaginaciones de quienes se reúnen en ellos para orar y celebrar.

Desafortunadamente, debido a los cambios en la demografía y la falta de sacerdotes, muchas comunidades están uniéndose a otras y muchos edificios se están cerrando y hasta destruyendo. Como resultado, el número de personas en las comunidades aumenta y por consiguiente, los lugares donde se celebra la liturgia también tienen que aumentar de tamaño. Las comunidades grandes fácilmente pueden ser impersonales y se dificulta el liderazgo pastoral.

Recientemente, especialmente en los Estados Unidos, muchas parroquias grandes están desarrollando comunidades locales en los vecindarios para subdividirse y compartir la fe. Estas pequeñas comunidades son muy similares a las casas-iglesias de los comienzos de la Iglesia. Estas pequeñas comunidades se reúnen para orar y para la catequesis. Cuando se reúnen, de vez en cuando el párroco asiste a sus reuniones y celebra la Eucaristía con ellos. Éste es un ejemplo primordial de donde y cuando la Eucaristía no se celebra en el edificio de la iglesia.

Sin embargo, esto no es nada nuevo. En varias circunstancias la Eucaristía no se ha celebrado en los edificios designados para esta celebración. Por ejemplo, la Eucaristía se ha celebrado en un cementerio, en un centro de convenciones durante congresos de educación religiosa, en la parte de atrás de un Jeep para las tropas que están en la guerra, en asilos de ancianos o en hospitales o en un estadio durante la visita del papa. A veces, pero es raro, los sacerdotes celebran la Eucaristía en lugares que no son iglesias o cuando están de vacaciones. Algunos sacerdotes la celebran con sus familias y amistades los días festivos o por otras ocasiones familiares.

Sin embargo, los sacerdotes locales no están disponibles para celebrar la Eucaristía en los hogares cualquier día, especialmente los domingos. Las leyes de la Iglesia limitan el número de Misas que un sacerdote puede celebrar en un día. A pesar de que se permite celebrar Misas en los hogares, esto no sucede muy a menudo debido a esta limitación.

Es importante recordar que, mientras que la Eucaristía se puede celebrar en un edificio que no es una iglesia, no siempre se permite celebrar otros sacramentos en otros lugares. Por ejemplo, muchos obispos diocesanos no permiten la celebración del matrimonio fuera de una iglesia.

10. En mi parroquia, los fieles no se arrodillan durante la consagración. ¿Es esto normal o permitido?

El párrafo 43 del texto en latín de la Instrucción general del misal romano reitera la decisión de la Instrucción general del misal romano de 1975 que los fieles se paran durante la plegaria eucarística, entonces se arrodillan con el sacerdote después que él les muestra la hostia consagrada y el cáliz. En los ediciones de la Instrucción general del misal romano, las conferencias episcopales tenían la opción de seguir o no seguir las instrucciones, y la Conferencia episcopal de los Estados Unidos la enmendó en 1970 para decir que los fieles se arrodillan cuando termina el Santo y continúan arrodillados hasta la conclusión de la plegaria eucarística — el Amén. Las personas se arrodillarán excepto por razones de salud, por la estrechez del lugar o por otras razones pastorales.

Pero, debido a que la mayor parte del mundo ha seguido la directiva de ponerse de pie, y debido a que otras áreas de la liturgia se estaban desarrollando, muchos obispos y párrocos de los Estados Unidos pensaron que la actitud de los Estados Unidos en relación con la plegaria eucarística iba a revertir a la directiva más universal. Anticipando esto, ellos animaron a los fieles a que permanecieran de pie y permitieron que se construyeran iglesias sin reclinatorios.

Sin embargo, en el boletín de noticias de julio del 2003 del Comité de la liturgia de los obispos, los obispos de los Estados Unidos reafirmaron la instrucción de 1975 de que los fieles se arrodillaran. Desde entonces, muchas parroquias donde los fieles se mantenían de pie, ahora se arrodillan y muchas no lo hacen. Algunos obispos han insistido en que se siga la Instrucción general del misal romano y otros no lo han hecho. Este sigue siendo compatible con el *Misal Romano*, tercera edición.

Parte III

PREGUNTAS DE TEOLOGÍA

11. En la Eucaristía, ¿se cambian de verdad el vino y el pan en el cuerpo y la sangre de Cristo?

Sí. Este es el misterio de fe, la promesa de la doctrina de la Verdadera Presencia de Cristo. Mientras más comprendamos y experimentemos este misterio, más comprendemos y experimentamos cuánto más no comprendemos ni experimentamos. Si encuentran que les es difícil entender esto, entonces han captado algo del misterio en el cual se nos llama a participar.

Desde los primeros días del cristianismo, las personas que creían en Cristo experimentaron al que fue crucificado y que resucitó como uno entre ellos. No eran los únicos que luchaban por vivir una vida buena, por hacerles frente a las tentaciones o al juicio, al martirio y a las muertes horribles. Estas personas sentían una presencia tangible de Cristo que les ofrecía ánimo, luz y orientación para sus vidas. Cuando se contaban las historias—la Palabra de Dios proclamada—ellas conocían algo de la presencia que las sostenía. También estaban muy conscientes de la presencia de Cristo en el recuerdo de los mártires y de los héroes y las heroínas de su comunidad que habían vertido su sangre como testimonio de su fe en Cristo. Se conocía a Cristo en las historias y en las tumbas de estas personas santas. Cuando la comunidad ayudaba a los pobres, los más desafortunados de los hermanos y las hermanas, se sabía que Cristo estaba presente entre ellos.

Además también reconocían, de una manera única y maravillosa, la presencia de Cristo en el centro de todas estas experiencias: al reunirse la comunidad, al proclamar la Palabra, al compartir los recuerdos de los mártires y al servir a los necesitados. Al principio esto se conocía como la Cena del Señor. Cuando las personas se reunían para la comida, recordaban el gran sacrificio de amor que Cristo demostró al extremo. En la sinfonía de esta reunión, Cristo apareció en el partir del pan. Se le podía reconocer.

A través de los siglos, los cristianos reunidos han seguido experimentando el misterio de esta divina presencia. Es un don de la encarnación, un don de percibir, en el centro de la historia, a un Espíritu vivo que inspira la transformación de toda la creación para que Dios pueda ser todo en todos.

Cuando se consideró esta presencia, se le dio atención especial al pan y al vino. ¿Cómo es posible tener tal presencia asombrosa? Todavía parecen ser pan y vino, por lo tanto, ¿cómo es el Cuerpo vivo y la Sangre viva de Cristo? Los teólogos, siempre sabiendo que tal misterio nunca se puede poner en un marco de referencia teológico, han discutido varias teorías para explicarlo.

Para mediados del siglo XVI, el Concilio de Trento declaró como oficial una de estas teorías: *la* transubstanciación. Esta teoría básicamente dice que por obra del Espíritu Santo, el pan y el vino que se ponen en el altar se convierten para nosotros en el Cuerpo vivo de Cristo. Este cambio ocurre en la substancia básica del pan y del vino. Mientras que a la vista humana sigue pareciendo que nada ha cambiado, todo ha cambiado ante los ojos de la fe. Este cambio del pan y del vino en la Verdadera Presencia de Cristo se convierte en el comienzo de la transformación y cambio que el Espíritu lleva a cabo en la comunidad de fe, en la humanidad, en toda la creación. La esperanza de la Eucaristía es que igual que el pan y el vino cambian y se convierten en el don del Cristo vivo, un día todo va a cambiar, transformado por la divinidad para gloria de Dios.

Ahora todo depende de la percepción de la fe. La esperanza cristiana es que al final habrá una perfección completa del amor y se nos conocerá tal y como somos.

12. ¿De dónde vino la palabra *Eucaristía*?

La tradición de la noche que Jesús fue traicionado cuenta como él tomó pan y vino y le dio gracias a Dios (vean Mateo 26:27). La palabra para "dar gracias" en la versión griega de los evangelios es *eucharistiein*, la base para la palabra *Eucaristía*.

Hoy día, como antes, la palabra *Eucaristía* se puede usar de varias maneras. Primero, se puede usar para identificar todo el ritual que es el centro de la vida católica, por ejemplo, "asistir a la Eucaristía semanal".

Segundo, se puede usar para hablar de la gran oración de dar gracias. Hay trece oraciones eucarísticas que se pueden usar en la nueva liturgia. El punto central de estas oraciones es darle gracias a Dios y alabar a Dios por todas las cosas buenas que se nos dan en Cristo y en el Espíritu Santo.

Tercero, podemos usar la palabra para hablar del sacramento que se guarda. La Eucaristía se guarda en un tabernáculo y se le puede dar honor y adorarla en una devoción privada. A menudo la Eucaristía se pone en una *custodia*, un envase vertical en forma de cruz que les permite a los fieles ver la hostia en ocasiones especiales de oración pública y adoración.

En los comienzos del cristianismo, otros nombres se le dieron a esta reunión esencial de personas cristianas. Los Hechos de los Apóstoles la llama "la fracción del pan" (Hechos 2:42). En 1 Corintios 11:20, San Pablo llama la reunión "la Cena del Señor". Otros nombres más antiguos para la reunión son el *agape,* "la fiesta del amor", o la *koinonia*, "la comunión". Hasta la palabra griega *mysterion* se usó para designar los ritos centrales de la reunión para los cristianos. Estas palabras no duraron mucho tiempo, posiblemente porque cuando el cristianismo creció, la conmemoración del mandato del Señor se separó del contexto de una comida comunal.

La práctica hoy día también incluye la palabra *Misa*. Esta palabra, que se originó más tarde, muy probablemente viene del latín, de la palabra *missa*, "ser enviado" o "se ha transmitido". Ambas son traducciones interesantes. "Ser enviado" es el mandato que se les da a los fieles para que vayan, igual que los Apóstoles, porque son enviados a hacer la obra de Dios en el mundo. "Se ha transmitido" podría indicar otra dimensión de este envío: la dimensión de la gracia de Dios que se nos comunica en el don del Cuerpo y la Sangre de Cristo, que recibimos en el Espíritu Santo para poder transmitírsela al mundo.

Para poder recibir ese don, el corazón tiene que elevarse a Dios en agradecimiento y alabanza. Mientras que generalmente se entiende que es nuestro deber alabar a Dios por todas sus obras maravillosas de la creación y de la vida, siempre es asombroso considerar que también es nuestra *salvación* dar gracias...*eucharistiein*. El nombre que al principio se le dio a nuestra reunión se convierte en una clave espiritual para la salvación en Cristo: el corazón agradecido, lleno de asombro y alabanza por el don.

13. ¿Se transforman realmente el vino y el pan en la Eucaristía en la Sangre y el Cuerpo de Cristo?

Sí. Este es el misterio de fe, la promesa de la doctrina de la Presencia Real de Cristo. Cuanto más entendemos y experimentemos cuánto más *no* entendemos o experimentemos.

Si le resulta difícil seguir esa oración, tiene una idea de la profundidad del misterio en el que estamos llamados a participar.

Desde los primeros días del cristianismo, los creyentes en Cristo experimentaron que el Crucificado y Resucitado estaba con ellos. No estaban solos en las luchas de vivir una buena vida, enfrentar las tentaciones, enfrentar el juicio, el martirio y la muerte brutal. Sentían una presencia tangible de Cristo que ofrecía ánimo, luz y dirección a sus vidas. Cuando se contaron las historias proclamada la Palabra de Dios sabían algo de la presencia divina que las sostenía. Estaban muy conscientes de la presencia de Cristo también en la memoria de los mártires y héroes que habían derramado sangre en testimonio de su fe. En las historias y en las tumbas de estos hombres y mujeres santos, Cristo fue conocido. A medida que la comunidad se acercaba al servicio de los pobres—el menor de los hermanos—se sabía que Cristo estaba presente entre ellos.

Además, de una manera única y espléndida, estos primeros cristianos también reconocieron la presencia de Cristo en la reunión de la comunidad, la proclamación de la Palabra, el compartir la memoria de los mártires y el servicio a los necesitados. Cuando se reunieron para la comida, recordaron el gran sacrificio de amor demostrado en el extremo por Cristo. En la sinfonía de esta reunión, Cristo apareció en el partimiento del pan. Fue reconocible.

A lo largo de los siglos, las reuniones de cristianos han continuado experimentando el misterio de esta presencia divina. Es un don de la Encarnación, un don de percibir en el núcleo de la historia a un Espíritu viviente que inspira la transformación de toda la creación para que Dios pueda ser todo en todo.

A medida que se prestó atención a esta presencia, se prestó especial atención al pan y al vino. ¿Cómo es posible una presencia tan deslumbrante? Todavía parece pan y vino, entonces, ¿cómo es el Cuerpo y la Sangre vivientes de Cristo? Los teólogos debatieron varias teorías para explicar este misterio, sabiendo todo el tiempo que tal misterio nunca se puede poner completamente en un marco teórico.

A mediados del siglo XVI, el Concilio de Trento hizo una de las teorías oficiales: *la transubstanciación.* Esta teoría básicamente dice que por la obra del Espíritu, el pan y el vino colocados en el altar se convierten para nosotros en el Cuerpo y la Sangre vivos de Cristo. Este cambio se produce en la sustancia misma del pan y el vino. Si bien a los sentidos físicos todavía les parece que no ha pasado nada, todo se cambia a los ojos de la fe. Este cambio del pan y el vino a la presencia real de Cristo se convierte en el comienzo de la transformación y el cambio que el Espíritu está produciendo en la comunidad de fe, en la humanidad, en toda la creación. La esperanza de la Eucaristía es que a medida que el pan y el vino se conviertan en el don del Cristo viviente, todo será cambiado un día, transformado divinamente para la gloria de Dios.

14. ¿Por qué hay plegarias eucarísticas diferentes? ¿Tienen significados diferentes?

El Misal romano del año 2002 tiene trece plegarias eucarísticas que se han aprobado: las Plegarias I, II, II, IV; tres Plegarias para las Misas con niños; dos Plegarias para la reconciliación; cuatro Plegarias para una variedad de necesidades y ocasiones.

El Misa romano del año 1962 sólo da una plegaria eucarística para la Misa tridentina o Misa latina (que ahora se conoce como *Usus Antiquior*): el Canon romano, que ahora se conoce como la Plegaria eucarística I (*GIRM* 2002).

La Plegaria eucarística I se ha estado usando en la Iglesia romana por muchos siglos. La palabra *canon* significa literalmente "una lista". Básicamente, el Canon romano es una lista de oraciones o peticiones, en el medio del cual hay un memorial de la Cena del Señor y las grandes obras de salvación.

En el Concilio Vaticano Segundo quedó muy claro que las riquezas de la renovación de la liturgia se beneficiarían al tener unas oraciones recuperadas de las prácticas de los comienzos del cristianismo. Cuando los cristianos se reunían alrededor de sus obispos durante los primeros siglos de la Iglesia, los obispos ofrecían espontáneamente las plegarias eucarísticas. Algunas de estas oraciones se anotaron y se les atribuían a grandes obispos como a San Basilio o San Juan Crisóstomo.

Los libros renovados de la liturgia incluían otras oraciones para rezarse sobre las ofrendas del pan y del vino porque la ley litúrgica prohíbe que se vuelva a establecer la práctica antigua de orar espontáneamente sobre las mismas.

En vez de ser una lista de oraciones y peticiones, se suponía que estas oraciones nuevas formaran una narración más clara de las maravillas de Dios y de Cristo en la historia. Las oraciones que se usaban en las reuniones eucarísticas en los comienzos de la Iglesia fueron la inspiración para otras de estas oraciones.

Se incluyó la invocación al Espíritu Santo (que se hace sobre el pan y el vino) en las oraciónes nuevas en el Misal romano del año 2002. Esta invocación formal, llamada *epiclesis*, se les habían añadido a trece de las oraciones nuevas. Éste fue un cambio radical de una gran importancia teológica porque no hay una mención explícita del Espíritu Santo en las versiones anteriores de la Plegaria eucarística I.

Esta añadidura señala una nueva dirección en la teología. El Concilio Vaticano Segundo, que el Papa Juan XXIII convino, tuvo como una de sus metas ser un nuevo Pentecostés para la Iglesia, un tiempo para la renovación en el Espíritu. Por muchos siglos se consideró que el Espíritu Santo era la persona olvidada de la Trinidad. De hecho, el Espíritu Santo no se menciona en las Alabanzas divinas, una de las oraciones devocionales más populares de la Iglesia romana que se rezaba cuando se terminaba la Bendición con el Santísimo Sacramento. Se aclamaba a San José, pero no al Espíritu Santo. Por decreto de Juan XXIII, el Espíritu Santo se añadió a esta oración devocional.

El Espíritu Santo es el regalo dinámico del Padre y del Hijo.

Cambios ocurren donde el Espíritu Santo se mueve. María concibe por el poder del Espíritu Santo. El Espíritu es quien le da el mandato a Jesús de comenzar su misión y de ir al desierto. Jesús les da el Espíritu a sus Apóstoles y Pentecostés los envía a todas las naciones.

El Espíritu continúa trabajando en la Iglesia. Ahora, en las trece plegarias eucarísticas, el énfasis que se le da al Espíritu Santo celebra que en el poder de Dios, el pan y el vino se convierten en el Cuerpo y la Sangre de Cristo—y nosotros también.

15. ¿Son las lecturas al principio de la Misa más, menos o iguales de importantes que la celebración de la Eucaristía?

El *Novus Ordo*, o la Forma ordinaria del rito romano se celebra en dos partes principales: la Liturgia de la Palabra y la Liturgia de la Eucaristía. Estas partes se complementan en un balance de Palabra y sacramento.

En su carta apostólica, *Mane Nobiscum Domine*, de octubre del año 2004, que inauguró el Año de la Eucaristía 2004–2005, Juan Pablo II describe de una manera bellísima los elementos que se complementan. Usando la historia de los dos discípulos camino a Emaús, la noche del Domingo de Pascua, Juan Pablo compara las dos partes de la liturgia revisada al viaje de estos discípulos. Primero, Cristo les explica la Palabra, preparando sus corazones con una interpretación de la Escritura. Entonces, ya que sus corazones están preparados, reconocen a Cristo en la fracción del pan. La Liturgia de la Palabra, proclamada y predicada bien, ofrece momentos de silencio y de reflexión para pensar en la sabiduría que ofrece.

Se convierte en el contacto necesario para la celebración del agradecimiento y la alabanza y el regalo de la señal y del sacramento que le siguen.

Las parroquias son llamadas a tomar muy en serio la Liturgia de la Palabra y a elevarla a un nivel nuevo de proclamación. Juan Pablo II les advierte a todos los que tienen que ver con esto, especialmente a los párrocos, a que valoren la Palabra y la prediquen para que la profundidad de los misterios que se celebran se pueda reconocer y recibir en los corazones de los cristianos.

En este contexto se resalta las lecturas de la Escritura que antes no tenían en el formato del Rito romano. En el *Novus Ordo*, en el centro de la Liturgia dominical de la Palabra se encuentran tres lecturas y un salmo responsorial. Este nuevo realce permite que la Escritura se proclame más completamente e invita a la comunidad católica a valorarla como la Palabra de Dios en la que Cristo está presente y nos habla.

El *Leccionario* que se usa los domingos durante la Liturgia de la Palabra se organiza en un ciclo de tres años. Cada año tiene textos diferentes del Antiguo Testamento y del Nuevo Testamento. Cada uno de los tres ciclos desarrolla uno de los evangelios sinópticos (Mateo, Marcos, Lucas), mientras que el Evangelio de Juan se incluye en cada uno de los otros.

La renovación litúrgica continuará mejor con un esfuerzo consciente por aumentar el conocimiento de las Escrituras en la comunidad católica. La Liturgia de la Palabra es un complemento a la Liturgia de la Eucaristía. Existen juntas y se convierten en un patrón de la vida cristiana: conocer a Cristo en la Escritura y el sacramento, convertirnos en Cristo presente en palabra y obra.

Parte IV

PREGUNTAS PASTORALES

16. ¿Por qué es que la Iglesia católica no permite que los católicos que se han vuelto a casar reciban la comunión, sin antes recibir una anulación?

Una persona católica que está divorciada y que no se ha vuelto a casar puede recibir la Eucaristía. Este punto trata de las personas católicas que se han divorciado *y* que se han vuelto a casar sin primero recibir una anulación.

Si examinamos el significado de compartir el regalo eucarístico, nos enfrentamos al misterio de la participación en el Cuerpo de Cristo. De acuerdo con la tradición católica, esta participación no es cuestión de reglas privadas que se han compilado para cada persona. La comunión es un sacramento de unidad con la Iglesia, una comunidad antiquísima que ha desarrollado normas y costumbres durante años de discusión, diálogo y experiencia. Cuando los participantes comparten la comunión, ellos se convierten en un cuerpo en Cristo. El "amén" de un miembro del cuerpo es el "amén" de toda la Iglesia.

Una gran parte de estas normas comunitarias son las enseñanzas y las reglas de la Iglesia sobre el sacramento del matrimonio. La Iglesia cree que, de acuerdo a las instrucciones de Jesús y de la comunidad de los comienzos, el matrimonio es una alianza sin condiciones, que sólo puede terminar con la muerte, entre un esposo y una esposa, de los cuales por lo menos uno está bautizado.

La Iglesia toma muy en serio esta alianza. Pero no todas las parejas honran esta alianza. Más del cincuenta por ciento de los matrimonios termina en divorcio—algunos por razones serias y otros no. Esta es una preocupación pastoral muy seria. A menudo las personas divorciadas se vuelven a casar fuera de la Iglesia, pero quieren seguir siendo parte de la comunidad y compartir en la comunión de la Iglesia. No obstante, la enseñanza oficial de la Iglesia queda muy clara: compartir la comunión mientras que la persona está en violación de la alianza del matrimonio es deshonrar el Cuerpo de Cristo.

No se debe subestimar el dolor y el sufrimiento humano que el romper una relación puede causar, y la intención de la postura oficial de no ofrecerles la comunión a personas divorciadas y vueltas a casar no es la de causar más dolor. Más bien es la de ser una invitación para honrar y respetar la naturaleza seria del sacramento del matrimonio. También es una invitación a sanar.

Una de las maneras como la Iglesia busca sanar a las personas divorciadas es por la anulación. La persona divorciada, a través de declaraciones escritas y de conversaciones, busca reconciliarse con un matrimonio deshecho y aprender nuevas maneras de relacionarse para no cometer el mismo error otra vez. Una vez que se concede la anulación, la persona divorciada está libre para volver a casarse por la Iglesia y compartir en el sacramento eucarístico.

17. Si una persona católica bautizada no recibió instrucciones oficiales para la primera comunión, ¿puede recibir la comunión de adulta?

En el primer milenio del cristianismo, el bautismo, la confirmación y la Eucaristía eran inseparables. En los primeros siglos, los candidatos para la iniciación eran casi todos adultos. Durante un período de preparación llamado el *catecumenado*, se formaba a los adultos para vivir una vida cristiana—y una muerte cristiana, debido a que el martirio fue una opción muy real antes del siglo IV. El proceso de formación variaba, pero siempre incluía la lectura de la Escritura, la oración, la introducción a la vida de la comunidad y la ayuda a los pobres y necesitados. Además de los conversos adultos, sus hijos, sus sirvientes y sus esclavos también entraban a la casa de Cristo. En la vigilia de la Pascua todos se bautizaban y se ungían en el Espíritu y compartían el Cuerpo y la Sangre de Cristo por primera vez. Después de la iniciación, se ofrecía una catequesis llamada *mistagogía* para explicar los misterios que los neófitos ahora compartían.

Ya para el siglo VIII, el imperio se había convertido en un estado cristiano, así que los adultos se habían bautizado. Entonces los bebés se convirtieron en los iniciados principales. En la Iglesia del occidente el bautismo, la confirmación y la Eucaristía empezaron a separarse. La mortalidad de los bebés era muy común. Debido a que el bautismo es algo esencial para la salvación, los sacerdotes empezaron a bautizar a los bebés como la norma sin esperar por la Vigilia de la Pascua ni por el obispo. Debido también a la importancia que se le dio al papel que el obispo desempeñaba en la confirmación, la misma se siguió celebrando durante la Vigilia de la Pascua.

En esa época la Eucaristía todavía se les daba a los bebés en el bautismo, generalmente en la forma del vino consagrado, en caso de que un bebé rechazara la hostia. Pero para el siglo XII, se prohibió tomar la comunión del cáliz y la comunidad litúrgica ya no compartía el vino consagrado y por eso no se les dio más la comunión a los bebés al bautizarlos.

Con este cambio los tres sacramentos que una vez estuvieron unidos ahora se convirtieron en tres momentos diferentes en la vida de los cristianos del occidente, y entonces comenzó la práctica de la primera comunión. Las iglesias del oriente de esa época, ahora llamadas las Iglesias ortodoxas, nunca hicieron esta separación y hoy día los bebés se bautizan, se confirman y hacen la primera comunión el día de la iniciación cristiana. Sólo los católicos romanos tienen tres ritos distintos.

Los obispos y los catequistas continúan discutiendo cuál es la edad apropiada para recibir la confirmación y la primera comunión. Se solía celebrar los sacramentos a la misma vez, pero el Papa Pío X cambió esa regla y permitió que los niños recibieran la primera comunión a la edad de la razón, alrededor de los siete años. La confirmación todavía es tema de discusión.

En teoría, cualquier persona que ha sido bautizada como católica y que está en gracia con Dios y con la Iglesia puede recibir la comunión sin recibir instrucciones. Sin embargo, es mejor si una persona adulta que fue bautizada católica en su infancia, pero que nunca ha sido catequizada se presente a quien está a cargo de la parroquia para que se pueda celebrar la alegría de compartir la comunión por primera vez con la comunidad.

18. ¿Cómo puedo ser ministro extraordinario de la comunión?

Un ministro extraordinario de la comunión es una persona bautizada en la Iglesia católica que comparte el don de la Eucaristía durante la Liturgia y quien, en muchas parroquias, visita a los enfermos y a quienes no pueden salir de la casa para orar con ellos y ofrecerles la comunión.

Desde el Concilio Vaticano Segundo, se ha animado a los católicos bautizados a que compartan sus dones y talentos con las comunidades parroquiales. Estos dones incluyen la proclamación de la Palabra de Dios, visitar a los enfermos, organizar obras de caridad y justicia, cantar y tocar un instrumento musical, catequizar y evangelizar, preparar la liturgia y oraciones, ayudar en las celebraciones eucarísticas y ayudar a otras personas a discernir sus dones y talentos. Los líderes de la parroquia tienen el deber de coordinar estos dones para que sean una alabanza a Dios.

Para ser un ministro extraordinario de la comunión, el discernimiento de los dones es el primer paso que hay que dar: 1. Fe en la Verdadera Presencia de Cristo en la Eucaristía y en la comunidad de fe. 2. Un corazón que está dispuesto a compartir a Cristo con los demás, de forma sacramental y en servicio a las necesidades humanas. 3. Una habilidad para estar presente a los demás, especialmente a los enfermos y quienes no pueden salir de su casa. 4. El tiempo para hacer el trabajo y la disposición para comprometerse a las obligaciones que esto conlleva.

Generalmente una persona que ha discernido los dones para este ministerio va a ver al líder de la parroquia y le dice que quiere servir como un ministro extraordinario de la comunión, pero a veces sucede lo contrario. La formación y el entrenamiento incluyen la catequesis acerca de la Eucaristía y el entrenamiento en las cosas necesarias para compartir la comunión durante la Misa y, si fuera necesario, compartirla con los enfermos y quienes no pueden salir de la casa.

En algún momento en este proceso de formación, la mayoría de los obispos exigen que se les manden los nombres de quienes van a ser comisionados como ministros extraordinarios de la comunión para dar su aprobación. Entonces los ministros extraordinarios de la comunión se le presentan formalmente a la comunidad, lo cual generalmente sucede en el contexto de una liturgia dominical. En este contexto los ministros extraordinarios de la comunión reciben una bendición especial.

Después del discernimiento, de la formación y del entrenamiento práctico, los ministros extraordinarios de la comunión son delegados para compartir el don de la Eucaristía. Una atención y un seguimiento fiel de este ministerio enriquecen las vidas de las personas que han recibido este don de servicio.

19. ¿Debo no recibir la comunión en algún momento específico?

Antes del Concilio Vaticano Segundo los católicos recibían la comunión con mucha menos frecuencia que hoy día. De hecho, se les tenía que recordar que cumplieran con su "obligación en la Pascua", el precepto de la Iglesia establecido casi hace 800 años de que cada católico debe confesarle sus pecados mortales a un sacerdote y recibir la Eucaristía. No cumplir con este precepto era un pecado mortal.

Después del Concilio Vaticano Segundo, las cosas cambiaron. La Constitución sobre la sagrada liturgia *(Sacrosanctum Concilium)*, el primer documento que el Concilio publicó, anima a los católicos a recibir la comunión del cáliz también (55). Esta recomendación fue muy bien recibida por todas las personas laicas en el mundo. Ahora, en cada celebración de la Eucaristía casi todos los participantes acuden a compartir el don del Cuerpo *y* la Sangre del Señor.

El *Catecismo de la Iglesia católica* declara muy claramente que los católicos tienen que prepararse antes de recibir el Cuerpo y la Sangre del Señor y que cualquier persona que haya cometido un pecado grave tiene que recibir el sacramento de la reconciliación antes de recibir la comunión (1358). Siguiendo el consejo de San Pablo (1 Corintios 11:27–29) se invita a los católicos a examinar sus corazones y sus vidas para "reconocer el cuerpo". Por lo tanto, antes de compartir el Cuerpo y la Sangre de Cristo, los católicos deben examinar sus relaciones—con la familia, con los vecinos, con las amistades, con los enemigos, con el planeta, con aquellas personas que tienen necesidades, con nosotros mismos y, por último, con Dios—con el Cuerpo de Cristo. Si descubrimos que hemos violado seriamente el Cuerpo de Cristo, tenemos que permitirnos experimentar la misericordia maravillosa de Dios y la renovación de nuestros corazones y nuestras mentes en el sacramento de la reconciliación.

El sacramento de la reconciliación es otra oportunidad para experimentar el bautismo. El bautismo es un sacramento que no se puede repetir. En los comienzos del cristianismo, se consideraba que los cristianos que pecaban después de haber sido iniciados en el Cuerpo de Cristo se habían separado del Cuerpo, que habían deshecho la comunión. Poco a poco, en la Iglesia surgió la práctica de un segundo bautismo, conocido como *la reconciliación* o *la penitencia*. Para fines del primer milenio, los católicos tenían la continua posibilidad de confesarle a un sacerdote los pecados serios para poder volver a ser parte de la comunión del Cuerpo de Cristo. Por lo tanto, la reconciliación es un tipo de bautismo.

Todavía tenemos ese pasaje. Cuando encontramos que un pecado serio nos separa del Cuerpo de Cristo, el sacramento de la reconciliación ofrece una gracia que sana. Cuando tenemos un corazón sincero y arrepentido, se nos perdonan nuestros pecados y otra vez estamos en comunión con el Cuerpo de Cristo.

A menos que hayamos cometido un pecado serio, se nos invita a compartir el Cuerpo y la Sangre de Cristo en cada Eucaristía en la cual participamos.

20. ¿Puede un sacerdote o un obispo negarse a darle la comunión a alguien? ¿Por qué o por qué no?

La respuesta más breve es que sí. De acuerdo al Derecho canónico 915, las personas que han sido excomulgadas, que han recibido un interdicto o que habitualmente cometen un pecado grave no pueden celebrar la Misa o recibir la Eucaristía sin antes acudir a la reconciliación o prometer que lo harán cuando tengan la primera oportunidad.

El canon 915 trata de decisiones que obispos, sacerdotes y ministros de la comunión han tomado. El canon 916 trata de la decisión interior de una persona en cuanto a si merece o no participar en el sacramento.

En su publicación del 18 de junio del año 2004, *Los católicos en la política*, los obispos de los Estados Unidos trataron el asunto específico de la negación a darle la comunión a los políticos católicos que públicamente apoyaban el aborto legalizado, dejando la interpretación del canon 915 a cada obispo. Debido a esto, diferentes diócesis tienen políticas diferentes.

FUENTES DE REFERENCIAS

Book of Blessings. Collegeville, MN: Liturgical Press, © 1989 by Order of St. Benedict.

Catechism of the Catholic Church, English translation, second edition, © 1994, 1997, 2000. United States Catholic Conference—*Libreria Editrice Vaticana*. www.usccb.org/catechism/text

"Catholics in Political Life." Task Force on Catholic Bishops and Catholic Politicians. © 2004. www.usccb.org/issues-and-action/faithful-citizenship/church-teaching/catholics-in-political-life.cfm

"Clarification on Posture of the Faithful Following Individual Reception of Holy Communion." Bishops' Committee on the Liturgy *Newsletter*, July 2003. www.usccb.org/liturgy/innews/703.shtml

Code of Canon Law: Latin-English Edition. Washington, DC: Canon Law Society of America, 1983. www.vatican.va/archive/ENG1104/_INDEX.HTM

A Commentary on the General Instruction of the Roman Missal. Edited by Edward Foley, Nathan D. Mitchell, and Joanne M. Pierce. Collegeville, MN: Liturgical Press, © 2007 by Order of St. Benedict.

Constitution on the Sacred Liturgy (*Sacrosanctum Concilium*) © 1963. www.vatican.va

Directory for the Application of Principles and Norms on Ecumenism. Pontifical Council for Promoting Christian Unity. © 1993. www.vatican.va

General Instruction of the Roman Missal (Third Typical Edition) © 2002, International Committee on English in the Liturgy, Inc.; including adaptations for the Dioceses of the United States of America © 2003. www.usccb.org/prayer-and-worship/the-mass/general-instruction-of-the-roman-missal

The Gift of the Eucharist by Richard Fragomeni. River, NJ: Silver Burdett Ginn, © 2000.

Mane Nobiscum Domine (To the Bishops, Clergy and Faithful for the Year of the Eucharist, October 2004–October 2005). © 2004. www.vatican.va

New Commentary on the Code of Canon Law. Canon Law Society of America, edited by John P. Beal, James A. Coriden, and Thomas J. Green. New York: Paulist Press, © 2000.

1962 Order of the Mass [Latin Mass]. www.usccb.org/prayer-and-worship/the-mass/order-of-mass/index.cfm

On the Use of Vernacular Languages in the Publication of the Books of the Roman Liturgy *(Liturgiam Authenticam)*. Congregation for Divine Worship and the Discipline of the Sacraments. © 2001. www.vatican.va/roman_curia/congregations/ccdds/documents/rc_con_ccdds_doc_20010507_liturgiam-authenticam_en.html. Or go to www.vatican.va and then search for: Liturgiam authenticam

Pastoral Care of the Sick: Rites of Anointing and Viaticum. Totowa, NJ: Catholic Book Publishing Co., © 1999. www.catholicbookpublishing.com

Summorum Pontificum: On the Use of the Roman Liturgy Prior to the Reform of 1970. © 2007. https://w2.vatican.va/content/benedict-xvi/en/motu_proprio/documents/hf_ben-xvi_motu-proprio_20070707_summorum-pontificum.html

Visits to Jesus and Mary by Saint Alphonsus Liguori, Joseph Nolen, CSsR, editor. Liguori, MO: Liguori Publications, © 2006. www.Liguori.org